Matthias Fiedler

Die konsep van innoverende passing van eiendom: Die vereenvoudiging van eiendommakelaarsdienste

Passing van eiendom: Effektiewe, eenvoudige en professionele eiendomsmakelaarsdienste met 'n innoverende eiendomspassingsportaal

Publiseringsbesonderhede – Impressum | Regskennisgewing

1. Uitgawe as gedrukte boek | Februarie 2017
(Oorspronklik gepubliseer in Duits, Desember 2016)

© 2016 Matthias Fiedler

Matthias Fiedler
Erika-von-Brockdorff-Str. 19
41352 Korschenbroich
Duitsland
www.matthiasfiedler.net

Druk en produksie:
Sien afdruk op laaste bladsy

Omslagontwerp: Matthias Fiedler
Skep van e-boek: Matthias Fiedler

ISBN-13 (sagteband): 978-3-947184-86-6
ISBN-13 (e-boek in mobi-formaat): 978-3-947184-12-5
ISBN-13 (e-boek in epub-formaat): 978-3-947184-13-2

Bibliografiese inligting van die Duitse Nasionale Biblioteek: Die Duitse Nasionale Biblioteek teken hierdie publikasie in die Duitse Nasionale Bibliografie aan; gedetailleerde bibliografiese data is beskikbaar op die internet by http://dnb.d-nb.de.

OPSOMMING

Hierdie boek verduidelik 'n revolusionêre konsep vir 'n wêreldwye eiendomspassingsportaal (toep) met 'n berekening van die aansienlike verkoopspotensiaal (miljard dollar), wat in die sagteware van 'n eiendomsagentskap geïntegreer word, insluitende eiendomsassessering (duisend miljard dollar se verkoopspotensiaal).

Dit beteken dat residensiële en kommersiële eiendom, of dit eienaar-geokkupeerd is of gehuur word, effektief en op 'n tydbesparende manier bemiddel kan word. Dit is die toekoms van die innoverende en professionele eiendomsmakelaardy vir alle eiendomsagente en eienaars van eiendom. Eiendomspassing werk in amper alle lande en selfs oor landsgrense heen.

In stede daarvan om eiendomme na die koper of huurder te "bring", kan potensiële kopers of huurders gekwalifiseer word (soekprofiel) en dan gepas en verbind word aan die eiendomme wat deur die eiendomsagente aangebied word, indien die eiendomspassingsportaal gebruik word.

INHOUD

Voorwoord   Bladsy 07

1. Die konsep van innoverende passing van eiendom:
Die vereenvoudiging van eiendommakelaarsdienste
                                             Bladsy 08

2. Doelwitte van potensiële kopers of huurders
En Eiendomverkopers   Bladsy 09

3. Vorige benaderings in die soek na eiendom   Bladsy 10

4. Nadeel van privaat verkopers / voordeel
van eiendomsagente   Bladsy 12

5. Passing van eiendom   Bladsy 14

6. Omvang van toepassing   Bladsy 21

7. Voordele   Bladsy 22

8. Steekproefberekening (potensiaal)   Bladsy 24

9. Samevatting   Bladsy 33

10. Integrering van die eiendomspassingsportaal
in die nuwe eiendomsagentskapsagteware
Insluitend eiendomsassessering   Bladsy 36

VOORWOORD

In 2011 het ek die idee wat hier beskryf word vir 'n innoverende eiendomspassingsproses uitgedink en ontwikkel.

Sedert 1998 is ek betrokke in die eiendomsbesigheid (insluitend eiendomsmakelaarsdienste, koop en verkoop, assessering, verhuring, en eiendomsontwikkeling). Ek is 'n makelaar (IHK), eiendomsekonoom (ADI) en gesertifiseerde kundige in eiendomswaardasie (DEKRA) asook 'n lid van die internasionaal erkende eiendomsassosiasie van die Koninklike Instituut van Geoktrooieerde Landmeters (MRICS).

Matthias Fiedler
Korschenbroich, 31/10/2016
www.matthiasfiedler.net

1. Die konsep van innoverende passing van eiendom: Die vereenvoudiging van eiendommakelaarsdienste

Eiendomspassing: Effektiewe, eenvoudige en professionele eiendomsmakelaarsdienste met 'n innoverende eiendomspassingsportaal

In stede daarvan om eiendomme na die koper of huurder te "bring", kan potensiële kopers of huurders gekwalifiseer word (soekprofiel) en dan gepas en verbind word aan die eiendomme wat deur die eiendomsagente aangebied word, indien die eiendomspassingsportaal gebruik word.

2. Doelwitte van potensiële kopers of huurders en eiendomsverkopers

Vanuit die perspektief van die eiendomsverkopers en -verhuurders is dit belangrik om hulle eiendom vinnig te verhuur of te verkoop en teen die hoogste moontlike prys.

Vanuit die perspektief van die potensiële kopers en huurders is dit belangrik om die regte eiendom te vind wat by hul behoeftes pas en om in staat te wees om dit so vinnig en maklik as moontlik te huur of te koop.

3. Vorige benaderings in die soek na eiendom

Oor die algemeen gebruik kopers of huurders van eiendom groot aanlyn eiendomsportale om eiendom in hul verkiesde area te soek. Daar kan hulle maak dat eiendomme of 'n lys van die relevante skakels na die eiendomme deur e-pos na hulle toe gestuur word sodra hulle 'n kort soekprofiel opgestel het. Dit word gereeld op 2 tot 3 eiendomsportale gedoen. Na die tyd word die verhuurder gewoonlik deur e-pos gekontak.

As gevolg hiervan kry die verkoper of verhuurder die geleentheid en toestemming om in verbinding met die belangstellende party te tree.

Daarbenewens kontak die potensiële kopers of huurders die individuele eiendomsagente in hul area en word 'n soekprofiel vir hulle opgestel.

Die verskaffers op die eiendomsportale kom van beide die privaat en kommersiële eiendomsektor. Kommersiële verskaffers is oor die algemeen eiendomsagente en in sekere gevalle konstruksiemaatskappye, eiendomsmakelaars en ander eiendomsmaatskappye (in hierdie teks word daar na kommersiële verskaffers verwys as eiendomsagente).

4. Nadeel van privaat verkopers / voordeel van eiendomsagente

Met eiendomme te koop, kan privaat verkopers nie altyd 'n onmiddellike kooptransaksie waarborg nie. In die geval van 'n geërfde eiendom kan daar byvoorbeeld nie ooreenstemming onder die erfgename wees nie of kan die erfporsiesertifikaat vermis wees. Daarbenewens kan onduidelike regskwessies soos verblyfreg die kooptransaksie gekompliseerd maak.

Vir huureiendomme kan dit wees dat 'n privaat huiseienaar nie die amptelike permitte ontvang het nie, byvoorbeeld dié wat benodig word om 'n kommersiële ruimte as huis te verhuur.

Wanneer 'n eiendomsagent as verskaffer optree, het hy oor die algemeen reeds die vorige gemelde aspekte uitgeklaar. Verder is alle relevante eiendomsdokumente (vloerplan, erfplan, energiesertifikaat, titelakte, amptelike dokumente, ens.) gewoonlik reeds beskikbaar. Die gevolg is dat die koop- of verhuring-transaksie vinnig en sonder komplikasies afgehandel kan word.

5. Passing van eiendom

Om belangstellende kopers of huurders so vinnig en effektief as moontlik met die verkopers of verhuurders te pas, is dit belangrik om 'n sistematiese en professionele benadering te volg.

Dit word hier gedoen met 'n benadering (of proses) wat omgekeerd op die soek-en-vind-proses tussen eiendomsagente en belangstellende partye, gefokus is. Dit beteken dat in stede daarvan om eiendomme na die koper of huurder te "bring", potensiële kopers of huurders gekwalifiseer kan word (soekprofiel) en dan gepas en verbind kan word aan die eiendomme wat deur die eiendomsagente aangebied word, indien die eiendomspassingsportaal gebruik word.

In die eerste stap stel die potensiële kopers of huurders 'n spesifieke soekprofiel op in die eiendomspassingsportaal. Hierdie soekprofiel sluit ongeveer 20 eienskappe in. Die volgende eienskappe kan ingesluit word (nie 'n volledige lys nie) en is noodsaaklik vir 'n soekprofiel.

- Streek / poskode / stad
- Soort eiendom
- Grootte van eiendom
- Woonoppervlak
- Koopprys / huur
- Jaar van konstruksie
- Verdiepings
- Aantal kamers
- Gehuur (ja/nee)
- Kelder (ja/nee)
- Balkon (ja/nee)
- Metode van verhitting
- Parkeerruimte (ja/nee)

Wat belangrik hier is, is dat die eienskappe nie handmatig ingevoer word nie, maar in stede daarvan gekies word deur die relevante velde te klik of oop te maak (bv. tipe eiendom) uit 'n lys voorafbepaalde moontlikhede/opsies (vir die tipe eiendom: woonstel, enkelgesin-huis, pakhuis, kantoor, ens.).

Indien nodig, kan die belangstellende partye bykomende soekprofiele opstel. Dit is ook moontlik om die soekprofiel aan te pas.

Daarby voer die potensiële kopers of huurders volledige kontakbesonderhede in die gespesifiseerde velde in. Dit sluit van, naam, straat, huisnommer, poskode, stad, telefoon, en e-posadres in.

In hierdie konteks gee die belangstellende partye toestemming om gekontak te word en eiendomme wat pas, van die eiendomsagente te ontvang.

Die belangstellende partye gaan ook hier 'n kontrak met die operateur van die eiendomspassingsportaal aan.

In die volgende stap word die soekprofiele beskikbaar gestel aan die verbinde eiendomsagente, maar nog nie sigbaar nie, via 'n toepassingsprogrammeringskoppelvlak (API in Engels) – byvoorbeeld soortgelyk aan die Duitse programmeringskoppelvlak "openimmo". Dit moet hier gemeld word dat hierdie programmeringskoppelvlak – basies die sleutel vir die implementering – oordrag aan amper elke eiendomsagteware wat tans gebruik word, ondersteun of waarborg. Indien dit nie die geval is nie, moet dit tegnologies moontlik gemaak word. Omdat daar reeds programmeringskoppelvlakke in gebruik is, soos die voorgenoemde "openimmo", asook andere, moet dit moontlik wees om die soekprofiel oor te dra.

Die eiendomsagente vergelyk daarna die profiel met hul eiendomme wat tans op die mark is. Vir hierdie doeleinde word die eiendomme op die eiendomspassingsportaal opgelaai en vergelyk en verbind aan die relevante eienskappe.

Nadat die vergelyking voltooi is, word 'n verslag wat die passing se persentasiewaarde wys, gegenereer. Deur met 'n 50%-passing te begin, word die soekprofiel sigbaar gemaak aan die eiendomsagentskap se sagteware.

Die individuele eienskappe word teen mekaar opgeweeg (puntstelsel) sodat 'n persentasie vir passing (waarskynlikheid van 'n passing) bepaal kan word ná die vergelyking van eienskappe. Byvoorbeeld, die eienskap "eiendomtipe" word hoër geweeg as die eienskap "woonoppervlak". Daarby kan sekere eienskappe (bv. kelder) gekies word wat die eiendom noodwendig moet hê.

In die verloop van die vergelyking van eienskappe vir passing moet daar ook verseker word dat eiendomsagente slegs toegang het tot hul verlangde (bespreekde) areas. Dit verminder die moeite vir datavergelyking. Dit is veral belangrik wanneer daar in ag geneem word dat eiendomsagentskappe gereeld op 'n streeksbasis werksaam is. Dit moet hier genoem word dat deur middel van wolkoplossings dit moontlik is om groot hoeveelhede data te stoor en te verwerk.

Om professionele eiendomsmakelaarsdienste te waarborg, verkry slegs eiendomsagente toegang tot die soekprofiele.

Vir hierdie doeleinde gaan die eiendomsagente 'n kontrak met die operateur van die eiendomspassingsportaal aan.

Ná die relevante vergelyking/passing kan die eiendomsagent die belangstellende party kontak, en aan die ander kant kan die belangstellende partye die eiendomsagentskap kontak. As die eiendomsagent 'n verslag aan die potensiële koper of verhuurder gestuur het, beteken dit ook dat 'n aktiwiteitsverslag of 'n agent se eis vir die eiendomskommissie aangeteken word in die geval van 'n voltooide koop- of huurkontrak.

Dit is onder voorwaarde dat die eiendomsagent deur die eienaar van die eiendom aangestel word (verkoper of eienaar) vir die plasing van die eiendom of dat toestemming gegee is vir hulle om die eiendom aan te bied.

6. Omvang van toepassing

Die eiendomspassing wat hier beskryf word, is van toepassing op verkoop en verhuur van eiendom in die residensiële en kommersiële sektor. Vir kommersiële eiendom word die onderskeie eiendomseienskappe vereis.

Daar kan ook 'n eiendomsagent wees aan die kant van die potensiële kopers of huurders, soos dikwels in praktyk gedoen word, byvoorbeeld as hy/sy deur kliënte in opdrag staan.

In terme van geografiese streke is die eiendomspassingsportaal van toepassing in amper elke land.

7. Voordele

Hierdie eiendomspassingsproses bied 'n groot voordeel aan die potensiële kopers en verkopers, ongeag of hulle in hul eie area (plek van verblyf) kyk en of hulle na 'n ander stad of streek verhuis vir werksverwante redes.

Hulle hoef slegs hul soekprofiel een keer in te voer om inligting oor die eiendomme van eiendomsagente te kry wat werksaam is in die verlangde area.

Vir die eiendomsagente verskaf dit groot voordele in terme van effektiwiteit en tydbesparing vir die verkoop of verhuur.

Hulle ontvang 'n onmiddellike oorsig van hoe hoog die potensiaal vir konkrete belangstellende partye is m.b.t. elke eiendom wat deur hulle aangebied word.

Die eiendomsagente kan voorts hul relevante teikengroep direk benader wat spesifiek gedink het aan hul "droomeiendom" tydens die opstelling van hul soekprofiel. Die kontak kan byvoorbeeld gevestig word deur eiendomsverslae uit te stuur.

Dit verhoog die kwaliteit van die kontak met belangstellende partye wat weet waarna hulle soek. Dit verminder ook die aantal van die daaropvolgende eiendombesigtigings, wat weer die algehele bemarkingstyd om eiendomme te bemiddel, verminder.

Nadat die potensiële koper of huurder na die eiendom wat geplaas moet word, gekyk het, kan die koopkontrak of huurkontrak gesluit word soos in die tradisionele eiendomsbemarking.

8. Steekproefberekening (potensiaal) – slegs eienaar-geokkupeerde wonings en huise (sonder huurwoonstelle of -huise of kommersiële eiendomme)

Die volgende voorbeeld sal die potensiaal van die eiendomspassingsportaal duidelik wys.

In 'n geografiese streek met 250 000 inwoners, soos die stad Mönchengladbach (Duitsland), is daar – statisties afgerond – ongeveer 125 000 huishoudings (2 inwoners per huishouding). Die gemiddelde koers van hervestiging is ongeveer 10%. Dit beteken dat 12 500 huishoudings per jaar hervestig. Die verhouding tussen intrek en uittrek vir Mönchengladbach word nie hier in ag geneem nie. Ongeveer 10 000 huishoudings (80%) soek vir huureiendomme en ongeveer 2 500 huishoudings (20%) soek vir eiendomme om te koop.

In ooreenstemming met die eiendomsmarkverslag van die advieskommittee vir die stad Mönchengladbach was daar 2 613 eiendomsaankope in 2012. Dit bevestig die vorige genoemde syfer van 2 500 potensiële kopers. Daar sal eintlik meer wees, maar nie elke potensiële koper was in staat om hul ideale eiendom te vind nie. Die aantal eintlike belangstellende potensiële kopers – of, spesifiek, die aantal soekprofiele – word geraam om twee keer so hoog as die gemiddelde hervestigingskoers van ongeveer 10% te wees, naamlik 25 000 soekprofiele. Dit sluit die moontlikheid in dat potensiële kopers veelvuldige soekprofiele in die eiendomspassingsportaal opgestel het.

Dit moet ook genoem word dat, gebaseer op ervaring, ongeveer helfte van alle potensiële kopers en huurders sover hul eiendom gevind het deur saam met 'n eiendomsagent te werk; wat lei tot 6 250 huishoudings.

Vorige ervaring wys daarop dat ten minste 70% van alle huishoudings vir eiendom via 'n eiendomsportaal op die internet gesoek het, wat 'n totaal van 8 750 huishoudings is (stem ooreen met 17 500 soekprofiele).

Indien 30% van alle potensiële kopers en verkopers, wat 3 750 huishoudings beteken (of 7 500 soekprofiele), 'n soekprofiel met 'n eiendomspassingsportaal (toep) vir 'n stad soos Mönchengladbach sou opstel, sou die gekoppelde eiendomsagente geskikte eiendomme vir potensiële kopers via 1 500 spesifieke soekprofiele (20%) en aan potensiële huurders via 6 000 spesifieke soekprofiele (80%) kan aanbied.

Dit beteken dat met 'n gemiddelde soekduurte van 10 maande en 'n steekproefprys van EUR 50 per maand vir elke soekprofiel wat deur potensiële kopers of huurders opgestel is, daar 'n verkoopspotensiaal van EUR 3 750 000 per jaar is met 7 500 soekprofiele vir 'n stad met 250 000 inwoners.

Deur dit te ekstrapoleer tot die hele Duitsland met die bevolking afgerond op 80 000 000 (80 miljoen) inwoners, het dit 'n verkoopspotensiaal van EUR 1 200 000 000 (EUR 1,2 miljard) per jaar tot gevolg. Indien 40% van alle potensiële kopers of huurders vir hul eiendom deur eiendomspassingsportaal gesoek het in stede van 30%, sal die verkoopspotensiaal tot EUR 1 600 000 000 (EUR 1,6 miljard) per jaar toeneem.

Die verkoopspotensiaal verwys slegs na eienaar-geokkupeerde woonstelle en huise. Huur- en beleggingseiendomme in die residensiële eiendomsektor en die totale kommersiële eiendomsektor word nie ingesluit in die berekening van die potensiaal nie.

Met ongeveer 50 000 maatskappye in Duitsland in die eiendomsmakelaarsdienstebesigheid (insluitende eiendomsagentskappe, konstruksiemaatskappye, eiendomshandelaars, en ander eiendomsmaatskappye), en met ongeveer 200,000 werknemers en 'n aandeel van 20% van hierdie 50 000 maatskappye wat 'n eiendomspassingsportaal met gemiddeld 2 lisensies gebruik, is die resultaat (met die toepassing van 'n steekproefprys van EUR 300 per maand per lisensie) 'n verkoopspotensiaal van EUR 72 000 000 (EUR 72 miljoen) per jaar. Verder, indien 'n streeksbespreking van die plaaslike soekprofiele geïmplementeer word, kan 'n aansienlike bykomende verkoopspotensiaal gegenereer word, afhangend van die ontwerp.

Met hierdie enorme potensiaal van moontlike kopers en huurders met spesifieke soekprofiele hoef eiendomsagente nie meer hul eie databasis – indien hul een het – van belangstellende partye op te dateer nie. Verder sal die aantal soekprofiele heel waarskynlik die aantal soekprofiele wat deur eiendomsagente in hul eie databasisse geskep word, oorskry.

Indien hierdie innoverende eiendomspassingsportaal in verskeie lande gebruik sou word, sou potensiële kopers van Duitsland byvoorbeeld 'n soekprofiel vir vakansiewoonstelle op die Mediterreense eiland Majorka (Spanje) skep, en die eiendomsagente in Majorka wat gekoppel is, kan die woonstelle aan hul potensiële Duitse kliënte deur e-pos aanbied. As die verslae in Spaans is, kan potensiële huurders deesdae maklik 'n vertaalprogram van die internet gebruik om die teks in Duits te vertaal.

Om in staat te wees om die passing van soekprofiele aan beskikbare eiendomme te implementeer sonder taalversperrings, kan 'n vergelyking van die onderskeie eienskappe gedoen word binne die eiendomspassingsportaal gebaseer op die geprogrammeerde (wiskundige) eienskappe, ongeag die taal, en word die relevante taal aan die einde aangewys.

Wanneer die eiendomspassingsportaal op alle kontinente gebruik word, sal die vorige vermelde verkoopspotensiaal (slegs vir diegene wat belangstel om te soek) wat geëkstrapoleer is, eenvoudig soos volg lyk.

Wêreldbevolking:

7 500 000 000 (7,5 miljard) inwoners

1. Bevolking in geïndustrialiseerde lande en grootliks geïndustrialiseerde lande:

2 000 000 000 (2,0 miljard) inwoners

2. Bevolking in opkomende lande:

4 000 000 000 (4,0 miljard) inwoners

3. Bevolking in ontwikkelende lande:

   1 500 000 000 (1,5 miljard) inwoners

Die jaarlikse verkoopspotensiaal vir Duitsland word omgeskakel en geprojekteer as EUR 1,2 miljard met 80 miljoen inwoners met die volgende aanvaarde faktore vir geïndustrialiseerde, opkomende en ontwikkelende lande.

1. Geïndustrialiseerde lande: 1,0

2. Opkomende lande: 0,4

3. Ontwikkelende lande: 0,1

Die resultaat is die volgende jaarlikse verkoopspotensiaal (EUR 1,2 miljard x bevolking (geïndustrialiseerde, opkomende, of ontwikkelende lande) / 80 miljoen inwoners x faktor)

1. Geïndustrialiseerde lande:
   EUR 30,00 miljard

2. Opkomende lande:
   EUR 24,00 miljard

3. Ontwikkelende lande:
   EUR 2,25 miljard

Totaal: **EUR 56,25 miljard**

9. Samevatting

Die geïllustreerde eiendomspassingsportaal bied beduidende voordele vir diegene wat na eiendom soek (belangstellende partye) en vir eiendomsagente.

1. Die tyd wat nodig is om vir geskikte eiendomme te soek, word aansienlik verminder vir belangstellende partye omdat hulle slegs hul soekprofiel een keer hoef te skep.

2. Die eiendomsagent kry 'n oorsig van die aantal potensiële kopers of huurders, insluitende inligting oor hul spesifieke behoeftes (soekprofiel).

3. Die belangstellende partye ontvang slegs die verlangde of passende eiendomme (gebaseer op die soekprofiel) van al die eiendomsagente (baie soos 'n outomatiese preseleksie).

4. Die eiendomsagente verminder hul moeite om hul eie databasis van soekprofiele te handhaaf omdat talle huidige soekprofiele permanent beskikbaar is.

5. Sedert slegs kommersiële verskaffers/eiendomsagente aan die eiendomspassingsportaal gekoppel is, kan die potensiële kopers of huurders met ervare eiendomsagente werk.

6. Die eiendomsagente verminder hul aantal besigtigings en oorhoofse bemarkingsperiode. In ruil word die aantal besigtigings vir potensiële kopers of huurders verminder, asook die tyd vir 'n voltooide koop- of huurkontrak.

7. Die eienaars van die eiendom wat verkoop of verhuur word, bespaar ook tyd. Daar is verdere finansiële voordele, met minder oop tyd vir huureiendomme en vinniger koopkontrak-betaling vir eiendomme te

koop, as gevolg van 'n vinniger huur- of kooptransaksie.

Deur hierdie konsep in eiendomspassing te implementeer, kan aansienlike vordering gemaak word in eiendomsmakelaarsdienste.

10. Integrasie van eiendomspassingsportaal in die nuwe eiendomsagentskap se sagteware, insluitend eiendomsassessering

As 'n finale opmerking kan die eiendomspassingsportaal wat hier beskryf word 'n beduidende komponent wees van 'n nuwe – ideaal gesproke wêreldwyd beskikbare – eiendomsagentskap-sagtewareoplossing reg van die begin af. Dit beteken dat die eiendomsagente die eiendomspassingsportaal kan gebruik benewens hul bestaande eiendomsagentskap-sagtewareoplossings, of ideaal gesproke die nuwe eiendomsagentskap-sagtewareoplossing insluitend die eiendomspassingsportaal kan gebruik.

Deur hierdie effektiewe en innoverende eiendomspassingsportaal by 'n nuwe eiendomsagentskap se sagteware te integreer, word 'n fundamentele en unieke verkoopspunt geskep vir die eiendomsagentskap se sagteware wat noodsaaklik is om die mark te penetreer.

Omdat eiendomassessering 'n noodsaaklike komponent van die eiendomsagentskap is en sal bly, moet die eiendomsagentskap se sagteware 'n geïntegreerde eiendomsassesseringsmiddel bevat. Die eiendomassessering tesame met die ooreenstemmende berekeningmetodes kan toegang tot die relevante dataparameters van die eiendomsagentskap se ingevoerde/gestoorde eiendomme kry. Eweneens kan die eiendomsagent opmaak vir vermiste parameters met sy eie streeksmarkkundigheid.

Verder moet die eiendomsagentskap se sagteware die opsie hê om virtuele eiendomstoere van beskikbare eiendomme te integreer. Dit kan maklik geïmplementeer word deur 'n bykomende toep vir selfone en/of tablette te ontwikkel wat kan opneem en dan die virtuele eiendomstoer –

grootliks outomaties – in die eiendomsagentskap se sagteware kan integreer of inkorporeer.

Indien die effektiewe en innoverende eiendomspassingsportaal by 'n nuwe eiendomsagentskap se sagteware tesame met die eiendomswaardasie geïnkorporeer word, is die potensiële verkoopspotensiaal weer aansienlik hoër.

Matthias Fiedler

Korschenbroich, 31/10/2016

Matthias Fiedler

Erika-von-Brockdorff-Str. 19

41352 Korschenbroich

Duitsland

www.matthiasfiedler.net